J. Alves

São Benedito
Novena e biografia

Citações bíblicas: Bíblia Sagrada – tradução da CNBB, 2ª ed., 2002.

Editora responsável: Celina Weschenfelder
Equipe editorial

3ª edição – 2011
4ª reimpressão – 2019

Nenhuma parte desta obra poderá ser reproduzida ou transmitida por qualquer forma e/ou quaisquer meios (eletrônico ou mecânico, incluindo fotocópia e gravação) ou arquivada em qualquer sistema ou banco de dados sem permissão escrita da Editora. Direitos reservados.

Paulinas
Rua Dona Inácia Uchoa, 62
04110-020 – São Paulo – SP (Brasil)
Tel.: (11) 2125-3500
http://www.paulinas.com.br / editora@paulinas.com.br
Telemarketing e SAC: 0800-7010081
© Pia Sociedade Filhas de São Paulo – São Paulo, 2004

Introdução

A época de São Benedito, o Negro, coincidiu com a propagação da escravidão negra no mundo católico, inclusive na Sicília onde ele viveu.

Cada tempo elege suas formas de escravidão, exclusão e preconceitos. Parece próprio do ser humano submeter o semelhante à servidão. Basta um olhar mais atento para dentro de nós mesmos a fim de descobrirmos nossa falta de misericórdia para com as pessoas. Pais e filhos, maridos e esposas, líderes e liderados, somos todos preconceituosos, duros e impositivos. Há pouco espaço para a tolerância do que é diferente no outro; não há em nós misericórdia. Muitas vezes, achamos que uma pessoa vale mais do que outra por ser desta e não daquela cor, por ser famosa ou rica... Preferimos impor as nossas regras e a nossa "justiça" a percorrer com o outro o caminho do amor paciente e generoso, que procura compreender e perdoar.

Nesta novena, queremos percorrer, com o Santo Negro, o caminho do Pai das misericórdias e vivenciar um pouco a ternura divina e humana revelada em Jesus e tão bem cultivada por São Benedito. Como pessoa de fé, pela força do amor, ele foi capaz de vencer o preconceito racial e levar a vida com bom humor, mostrando que diante de Deus vale o coração humilde, alegre, penitente, agradecido que vive para servir o outro.

Quem foi São Benedito

O dia 5 de outubro é dedicado a São Benedito, cuja devoção só engrandece nossa gente. Seu culto, trazido pelos portugueses por volta de 1610, aos poucos ganhou a simpatia não somente dos negros, mas também de todo o povo. Pode-se dizer que a popularidade de São Benedito é fruto da secular dedicação que lhe devotaram as Irmandades de Nossa Senhora do Rosário e de São Benedito dos Homens Pretos, espalhadas pelo Brasil.

Essas Irmandades, fundadas e mantidas pelos negros há mais de três séculos, que ainda hoje gozam de grande prestígio, serviram de espaço às reivindicações religiosas e político-sociais de escravos e libertos. Em suas igrejas, construídas por eles próprios, os negros celebravam sua fé, pois eram excluídos da participação da liturgia dos brancos. Misturavam suas crenças aos cultos cristãos, enriquecendo-os com sua ginga e maneira de ser. O gosto pela música, pela dança e por vestimentas coloridas contrastava com o formalismo e a frieza da liturgia católica romana medieval.

São Benedito, o Negro (1526-1589), nasceu em São Filadelfo, nas proximidades de Messina, na Sicília (Itália), uma região que produzia açúcar. Aos 18 anos, vendeu o arado e a junta de bois que possuía e tornou-se eremita, submetendo-se às mais rigorosas penitências na solidão das cavernas. Sua fama de homem misericordioso e compassivo logo se espalhou pela região e devolveu a muitos a saúde física e a paz de espírito.

Aos 38 anos, tornou-se irmão franciscano, no Convento de Santa Maria, onde exerceu o ofício de cozinheiro e guardião do convento. Analfabeto, a todos surpreendia com sua sabedoria e o dom de profetizar. Sua confiança em Deus era tão profunda que, com apenas um sinal da cruz, curava enfermos, fazia mortos reviverem e multiplicava os alimentos, para saciar a fome dos pobres.

Ao falecer, em 1589, sua devoção começou a se difundir em Portugal, chegando até o Brasil. Porém, somente em 1807, diante da força do clamor de seus devotos negros do mundo inteiro, foi canonizado. Tornou-se, desde 1610, o Santo Negro mais querido e venerado indistintamente por todos. Sua vida e seus milagres foram transmitidos oralmente de geração em geração.

Hoje, São Benedito ganhou o coração e a estima do povo, especialmente dos simples e excluídos, que veem no Santinho Preto o defensor poderoso, o cozinheiro milagroso, que nunca deixou faltar o pão aos necessitados.

Os festejos em sua honra, que chegam a reunir milhares de devotos em muitas cidades brasileiras, são celebrados com danças tradicionais, desfiles de cavalhadas, elevação do mastro na praça das igrejas, leilões e quermesses com comidas típicas.

PRIMEIRO DIA

A misericórdia como caminho a ser seguido

Abertura

V. Vinde, ó Deus, em meu auxílio.
R. Socorrei-me sem demora.
 Glória.

Oração inicial

Ó Deus, nosso Pai, em Jesus vós nos mostrastes que o caminho a seguir é o da misericórdia e, por não segui-lo, acabamos sofrendo e fazendo os outros infelizes. Por isso, nós vos pedimos, humildemente, que a força do vosso amor prevaleça sobre a injustiça e o desamor que cometemos ao longo de nossas vidas. Dai-nos a graça de respeitar e amar cada pessoa querida por vós. E, neste momento, vos pedimos ainda, por intercessão de São Benedito, a graça de que tanto necessitamos (*fazer o pedido*).

Conhecendo São Benedito

A época em que viveu São Benedito coincide com a expansão da escravidão negra no mundo católico, que, embora detentor da mensagem de fraternidade entre os povos, age às avessas do próprio Evangelho. Foi então que Nicolau V, em carta de 1454, concedia a Portugal, na pessoa do Rei Afonso, "a plena e livre faculdade, entre outras, de invadir, conquistar, subjugar quaisquer sarracenos e pagãos, inimigos de Cristo, suas terras e bens, e a todos reduzir à servidão...".

Assim, com as bênçãos da Igreja da época, o lucrativo comércio negreiro em terras brasileiras perdurou do século XV até a segunda metade do século XIX. O

Brasil foi um dos últimos países a abolir, por pressões políticas externas, essa prática abominável.

Segundo alguns historiadores, cerca de 10 milhões de negros foram comercializados somente com o Brasil. Aqui eram vendidos, recolhidos nas senzalas e submetidos a trabalhos desumanos. Todos, exceto os escravos, toleravam essa prática (que continua até hoje, manifestando-se de outras formas) como algo perfeitamente normal e até benquisto por Deus para a "redenção e salvação" dos próprios negros. Estes deveriam "embranquecer" suas almas com as águas do Batismo e chegar à fé mediante a servidão dócil e obediente a seus senhores.

Leitura bíblica

"Deus, rico em misericórdia, pelo imenso amor com que nos amou, quando ainda estávamos mortos por causa dos nossos pecados, deu-nos a vida com Cristo. É por graça que fostes salvos!" (Ef 2,4-5).

Oração final

Glorioso São Benedito, grande confessor da fé, com toda a confiança venho implorar a vossa valiosa proteção. Vós, a quem Deus enriqueceu com os dons celestes, alcançai-me as graças que ardentemente desejo, para a maior glória de Deus. Confortai o meu coração nos desalentos e fortificai a minha vontade para cumprir bem os meus deveres. Orientai-me nas horas decisivas da vida e dai-me confiança nos momentos de desânimo e sofrimento. Sede o meu companheiro na solidão e no desconforto. Isto vos peço por Jesus Cristo Nosso Senhor. Amém.

Pai-Nosso, Ave-Maria e Glória.

SEGUNDO DIA

Aquele que usou de misericórdia

Abertura

V. Vinde, ó Deus, em meu auxílio.
R. Socorrei-me sem demora.
Glória.

Oração inicial

Ó Deus, nosso Pai, em Jesus vós nos mostrastes que o caminho a seguir é o da misericórdia e, por não segui-lo, acabamos sofrendo e fazendo os outros infelizes. Por isso nós vos pedimos, humildemente, que a força do vosso amor prevaleça sobre a injustiça e o desamor que cometemos ao longo de nossas vidas. Dai-nos a graça de respeitar e amar cada pessoa querida por vós. E, neste momento vos pedimos,

ainda, por intercessão de São Benedito, a graça de que tanto necessitamos (*fazer o pedido*).

Conhecendo São Benedito

Conta-se que, um dia, Frei Jerônimo repreendeu severamente os que caçoavam de Benedito por ser negro e filho de escravos e profetizou o destino glorioso que Deus reservava a este jovem. Diante disso, o frei o convidou a segui-lo. Ao longo dos três séculos de escravidão no Brasil, forjaram-se preconceitos contra os negros, tidos como indolentes, servis, inferiores.

Em 1895, um dos escritos de Frei Joaquim das Neves diz, entre outras coisas, que São Benedito, mediante os "heroicos actos de suas portentosas virtudes, transformou, por singular metamorphose, a escura côr em candida e crystallina" (sic). E que Deus houve por bem determinar que, de "pais escuros, aparecesse o Preclarissimo São Benedicto como brilhante e ardente Sol da Ethiopia" (sic).[1] Nesse sentido, justifica-se plenamente a atitude da Igreja Católica no Brasil que, por ocasião das comemorações dos 500 anos de descobrimento, reconheceu sua omissão perante a escravidão e, por meio dos bispos, pediu perdão ao povo negro e ao índio.

Leitura bíblica

"Se cumpris a lei régia conforme a Escritura: 'Amarás o teu próximo como a ti mesmo', estais agindo bem. Mas se fazeis acepção de pessoas, cometeis pecado e a Lei vos acusa como transgressores... Pensai bem: o julgamento vai ser sem misericórdia para quem não praticou misericórdia; a misericórdia, porém, triunfa sobre o julgamento" (Tg 2,8-9.13).

---

[1] Ferrete & Comps. Editores. Lisboa, 1895.

Oração final

Glorioso São Benedito, grande confessor da fé, com toda a confiança venho implorar a vossa valiosa proteção. Vós, a quem Deus enriqueceu com os dons celestes, alcançai-me as graças que ardentemente desejo, para a maior glória de Deus. Confortai o meu coração nos desalentos e fortificai a minha vontade para cumprir bem os meus deveres. Orientai-me nas horas decisivas da vida e dai-me confiança nos momentos de desânimo e sofrimento. Sede o meu companheiro na solidão e no desconforto. Isto vos peço por Jesus Cristo Nosso Senhor. Amém.

Pai-Nosso, Ave-Maria e Glória.

TERCEIRO DIA

A misericórdia em primeiro lugar

Abertura

V. Vinde, ó Deus, em meu auxílio.
R. Socorrei-me sem demora.
Glória.

Oração inicial

Ó Deus, nosso Pai, em Jesus vós nos mostrastes que o caminho a seguir é o da misericórdia e, por não segui-lo, acabamos sofrendo e fazendo os outros infelizes. Por isso nós vos pedimos, humildemente, que a força do vosso amor prevaleça sobre a injustiça e o desamor que cometemos ao longo de nossas vidas. Dai-nos a graça de respeitar e amar cada pessoa querida por vós. E, neste momento, vos pedimos, ainda, por intercessão de São Benedito, a graça de que tanto necessitamos (*fazer o pedido*).

Conhecendo São Benedito

São Benedito tinha três irmãos: Marcos, Baldassara e Fratella. Fratella foi a mãe de Irmã Benedita, que levou vida santificada em um convento franciscano perto de Palermo.

Seu pai, Cristóvão, e sua mãe, Diana Lanza, eram negros, cristãos de origem etíope, pertencentes à família católica siciliana dos Manasseri. Cristóvão era inteligente, honesto e administrador eficiente, mas, por usar de misericórdia para com os pobres, sofreu calúnias, difamações e a perda do cargo. Entretanto, sem Cristóvão no comando, os negócios da família Manasseri deixaram de prosperar, o que o fez retornar ao cargo investido de mais poderes. Diana era uma mulher amável e de coração generoso, que a todos cativava com sua bondade e modéstia. Dos pais, São Benedito aprendeu a colocar a misericórdia em primeiro lugar e a confiar em Nossa Senhora e no Menino Jesus.

Logo ao nascer, por consideração a Cristóvão e Diana, a quem muito prezavam, os Manasseri deram a liberdade ao pequeno Benedito. Mesmo liberto, ele teve de trabalhar inicialmente como pastor de ovelhas, depois, como lavrador. Nos momentos de folga, rezava o terço e meditava a paixão de Jesus.

Leitura bíblica

"Se eu falasse as línguas dos homens e as dos anjos, mas não tivesse o amor, eu seria como um bronze que soa ou um címbalo que retine" (1Cor 13,1).

Oração final

Glorioso São Benedito, grande confessor da fé, com toda a confiança venho implorar a vossa valiosa proteção. Vós, a quem Deus enriqueceu com os dons celestes, alcançai-me as graças que ardentemente desejo, para a maior glória de Deus. Confortai o meu coração nos desalentos e fortificai a minha vontade para cumprir bem os meus deveres. Orientai-me nas horas decisivas da vida e dai-me confiança nos momentos de desânimo e sofrimento. Sede o meu companheiro na solidão e no desconforto. Isto vos peço por Jesus Cristo Nosso Senhor. Amém.

Pai-Nosso, Ave-Maria e Glória.

QUARTO DIA

Quem ama deseja dar-se a si próprio

Abertura

V. Vinde, ó Deus, em meu auxílio.
R. Socorrei-me sem demora.
Glória.

Oração inicial

Ó Deus, nosso Pai, em Jesus vós nos mostrastes que o caminho a seguir é o da misericórdia e, por não segui-lo, acabamos sofrendo e fazendo os outros infelizes. Por isso nós vos pedimos, humildemente, que a força do vosso amor prevaleça sobre a injustiça e o desamor que cometemos ao longo de nossas vidas. Dai-nos a graça de respeitar e amar cada pessoa querida por vós. Neste momento, vos pedimos, ainda, por intercessão de São Benedito, a graça de que tanto necessitamos (*fazer o pedido*).

Conhecendo São Benedito

Em 1542, Frei Jerônimo deparou-se com o jovem Benedito lavrando a terra e disse: "Ó Benedito, de outro arado mais agudo necessitas, porque outra terra mais dura tens ainda que lavrar... Vende, pois, esta junta de bois e este arado e vem comigo!...". Então, com 18 anos, ele vendeu tudo, deu o dinheiro aos pobres e se recolheu na comunidade de Frei Jerônimo di Lanza, em Santa Domênica, nos arredores de Filadelfo, onde se observava a Regra de São Francisco de Assis.

Além dos votos religiosos de pobreza, obediência e castidade, os irmãos praticavam o voto quaresmal, que consistia em rigorosos jejuns e mortificações corporais.

Como Francisco de Assis, viviam em extrema pobreza, entregues à meditação em ermas cavernas ou montanhas desabitadas.

Mesmo assim eram descobertos pelo povo que, vencendo as asperezas dos caminhos, chegava até eles, em busca da cura de enfermidades físicas e espirituais, obrigando-os a se refugiarem em lugares cada vez mais afastados, como Mancusa e San Pelegrino, perto de Palermo.

De todos os eremitas, São Benedito foi quem mais se distinguiu em santidade e prodígios. Já em vida, e mesmo antes de tornar-se Irmão, operava milagres, como no caso da mulher portadora de câncer que o procurou em Mancusa e foi curada com um simples, mas poderoso sinal da cruz.

Leitura bíblica

"Se eu tivesse o dom da profecia, se conhecesse todos os mistérios e toda a ciência, se tivesse toda a fé, a ponto de remover montanhas, mas não tivesse amor, eu nada seria" (1Cor 13,2).

Oração final

Glorioso São Benedito, grande confessor da fé, com toda a confiança venho implorar a vossa valiosa proteção. Vós, a quem Deus enriqueceu com os dons celestes, alcançai-me as graças que ardentemente desejo, para a maior glória de Deus. Confortai o meu coração nos desalentos e fortificai a minha vontade para cumprir bem os meus deveres. Orientai-me nas horas decisivas da vida e dai-me confiança nos momentos de desânimo e sofrimento. Sede o meu companheiro na solidão e no desconforto. Isto vos peço por Jesus Cristo Nosso Senhor. Amém.

Pai-Nosso, Ave-Maria e Glória.

QUINTO DIA

A alegria de servir

Abertura

V. Vinde, ó Deus, em meu auxílio.
R. Socorrei-me sem demora.
  Glória.

Oração inicial

Ó Deus, nosso Pai, em Jesus vós nos mostrastes que o caminho a seguir é o da misericórdia e, por não segui-lo, acabamos sofrendo e fazendo os outros infelizes. Por isso nós vos pedimos, humildemente, que a força do vosso amor prevaleça sobre a injustiça e o desamor que cometemos ao longo de nossas vidas. Dai-nos a graça de respeitar e amar cada pessoa querida por vós. E, neste momento, vos pedimos,

ainda, por intercessão de São Benedito, a graça de que tanto necessitamos (*fazer o pedido*).

Conhecendo São Benedito

Em 1562, ao morrer Frei Jerônimo, São Benedito foi escolhido como superior da comunidade. Entretanto, em 1564, Pio IV dissolveu a comunidade, ordenando-lhe que se integrasse a algum convento franciscano. São Benedito, que na época tinha 38 anos de idade, decidiu ingressar no convento franciscano de S. Maria de Jesus, perto de Palermo, onde foi recebido com grande alegria por Frei Arcanjo, que via nele um homem de Deus.

Nesse convento, exerceu vários ofícios, tais como: cuidar da sacristia, da portaria, da limpeza, da lavanderia e da cozinha. Contudo, foi como cozinheiro – na época, era um trabalho destinado a criados e servos – que São Benedito ficou mais conhecido pelos prodígios realizados em meio às panelas ferventes e às cubas cheias de louças.

Ele fez da cozinha do convento um lugar sagrado. Era um grande místico, mas é como santo cozinheiro que o povo mais o lembra na tradição, pois suas refeições tinham um indiscritível toque de mãos de anjo e o segredo da multiplicação. Até hoje, em muitas casas, conserva-se o costume de colocar a imagem de São Benedito na cozinha, para que não falte à família o alimento necessário.

Leitura bíblica

"Se eu gastasse todos os meus bens no sustento dos pobres e até me entregasse como escravo, para me gloriar, mas não tivesse amor, de nada me aproveitaria" (1Cor 13,3).

Oração final

Glorioso São Benedito, grande confessor da fé, com toda a confiança venho implorar a vossa valiosa proteção. Vós, a quem Deus enriqueceu com os dons celestes, alcançai-me as graças que ardentemente desejo, para a maior glória de Deus. Confortai o meu coração nos desalentos e fortificai a minha vontade para cumprir bem os meus deveres. Orientai-me nas horas decisivas da vida e dai-me confiança nos momentos de desânimo e sofrimento. Sede o meu companheiro na solidão e no desconforto. Isto vos peço por Jesus Cristo Nosso Senhor. Amém.

Pai-Nosso, Ave-Maria e Glória.

SEXTO DIA

A força prodigiosa do amor

Abertura

V. Vinde, ó Deus, em meu auxílio.
R. Socorrei-me sem demora.
Glória.

Oração inicial

Ó Deus, nosso Pai, em Jesus vós nos mostrastes que o caminho a seguir é o da misericórdia e, por não segui-lo, acabamos sofrendo e fazendo os outros infelizes. Por isso nós vos pedimos, humildemente, que a força do vosso amor prevaleça sobre a injustiça e o desamor que cometemos ao longo de nossas vidas. Dai-nos a graça de respeitar e amar cada pessoa querida por vós. E, neste momento, vos pedimos,

ainda, por intercessão de São Benedito, a graça de que tanto necessitamos (*fazer o pedido*).

Conhecendo São Benedito

Entre os prodígios realizados por São Benedito, ficou famoso o milagre dos peixes. Frades de todos os lugares reuniram-se no convento de Santa Maria de Jesus para o Capítulo Provincial. Era inverno intenso e rigoroso, o que os impossibilitava de pedir esmolas no povoado, e as provisões de que dispunham eram poucas para tanta gente. O santo cozinheiro pediu aos companheiros que enchessem as vasilhas com água e as cobrissem com tábuas. Retirou-se, então, para a cela a fim de rezar e assim passou a noite em contemplação. Ao amanhecer, mandou que tirassem as tampas e colhessem os peixes que ali fervilhavam. Todos comeram e ficaram saciados.

Outro fato extraordinário foi a refeição preparada pelos anjos. O arcebispo de Palermo, Dom Diogo d'Abedo, costumava passar o Natal no convento. Durante a missa da aurora, São Benedito entregou-se à contemplação dos mistérios divinos e entrou em profundo êxtase. Em alvoroço, os frades o procuravam até que o encontraram tranquilo, descansando em Deus, num canto do coro da capela. Indignados, despertaram-no e o repreenderam asperamente por ainda não ter sequer acendido o fogo e nada ter preparado para a refeição do Arcebispo. São Benedito não se deixou abalar com a intolerância e as críticas dos coirmãos. Calmamente, ainda aguardou que a missa terminasse, depois, tomou uma vela e dirigiu-se à cozinha. Foi então que os desavisados das coisas de Deus puderam vislumbrar a refeição, fumegante, no ponto para ser servida, e dois anjos sorridentes a conversar com o santo cozinheiro.

Muitos prodígios foram realizados por ele. Por várias vezes, os alimentos se multiplicavam milagrosamente para que nenhum pobre deixasse as portas do convento sem ser atendido. Quantas vezes ordenara ele que dessem aos pobres todo o pão que havia nos cestos, que a Providência divina haveria de achar um meio de socorrê-los.

Leitura bíblica

"O amor é paciente, é benfazejo; não é invejoso, não é presunçoso nem se incha de orgulho" (1Cor 13,4).

Oração final

Glorioso São Benedito, grande confessor da fé, com toda a confiança venho implorar a vossa valiosa proteção. Vós, a quem Deus enriqueceu com os dons celestes, alcançai-me as graças que ardentemente desejo, para a maior glória de Deus. Confortai o meu coração nos desalentos e fortificai a minha vontade para cumprir bem os meus deveres. Orientai-me nas horas decisivas da vida e dai-me confiança nos momentos de desânimo e sofrimento. Sede o meu companheiro na solidão e no desconforto. Isto vos peço por Jesus Cristo Nosso Senhor. Amém.

Pai-Nosso, Ave-Maria e Glória.

SÉTIMO DIA

Movido pelo Espírito Santo

Abertura

V. Vinde, ó Deus, em meu auxílio.
R. Socorrei-me sem demora.
   Glória.

Oração inicial

Ó Deus, nosso Pai, em Jesus vós nos mostrastes que o caminho a seguir é o da misericórdia e, por não segui-lo, acabamos sofrendo e fazendo os outros infelizes. Por isso, nós vos pedimos, humildemente, que a força do vosso amor prevaleça sobre a injustiça e o desamor que cometemos ao longo de nossas vidas. Dai-nos a graça de respeitar e amar cada pessoa querida por vós. E, neste momento, vos pedimos, ainda, por intercessão de São Benedito, a graça de que tanto necessitamos (*fazer o pedido*).

Conhecendo São Benedito

Benedito era o único negro no convento. Embora sem nenhuma instrução, tinha ele o dom de "ler" as consciências, desvendar segredos e entender com clareza as coisas de Deus. Penetrava no conteúdo da teologia e das Escrituras, esclarecia dúvidas teológicas e a todos aconselhava com sabedoria, sem nunca ter aberto um livro.

Sua reputação moral e espiritual ficou tão notável que, em 1578, foi escolhido como superior do convento, cargo que exerceu com humildade e desprendimento, recebendo a aprovação unânime. Edificava a todos com seus exemplos, ajudando a carregar a lenha, a lavar pratos e panelas, a varrer o chão, a buscar água, a lavrar a terra, a ajudar nas celebrações. Guardião do convento, andava descalço, dormia no chão, servia-se de um hábito surrado com uma corda à cintura. Diante dele, as pessoas eram tocadas pela presença de Deus, pois seus olhos brilhavam como iluminados, e seu corpo parecia transfigurar-se.

São Benedito conquistou a estima do povo, pois atendia com misericórdia a todos os que a ele recorressem. Sua popularidade era tamanha que, certa vez, tendo que viajar para participar do Capítulo da Ordem em Girgente, a cerca de 130 km de Palermo, as multidões se aglomeraram à beira da estrada para pedir sua bênção. Em razão disso, viajava à noite, com o rosto coberto por um capuz.

Leitura bíblica

"O amor não faz nada de vergonhoso, não é interesseiro, não se encoleriza, não leva em conta o mal sofrido" (1Cor 13,5).

Oração final

Glorioso São Benedito, grande confessor da fé, com toda a confiança venho implorar a vossa valiosa proteção. Vós, a quem Deus enriqueceu com os dons celestes, alcançai-me as graças que ardentemente desejo, para a maior glória de Deus. Confortai o meu coração nos desalentos e fortificai a minha vontade para cumprir bem os meus deveres. Orientai-me nas horas decisivas da vida e dai-me confiança nos momentos de desânimo e sofrimento. Sede o meu companheiro na solidão e no desconforto. Isto vos peço por Jesus Cristo Nosso Senhor. Amém.

Pai-Nosso, Ave-Maria e Glória.

OITAVO DIA

Aquele que deu e recebeu misericórdia

Abertura

V. Vinde, ó Deus, em meu auxílio.
R. Socorrei-me sem demora.
Glória.

Oração inicial

Ó Deus, nosso Pai, em Jesus vós nos mostrastes que o caminho a seguir é o da misericórdia e, por não segui-lo, acabamos sofrendo e fazendo os outros infelizes. Por isso nós vos pedimos, humildemente, que a força do vosso amor prevaleça sobre a injustiça e o desamor que cometemos ao longo de nossas vidas. Dai-nos a graça de respeitar e amar cada pessoa querida por vós. E, neste momento, vos pedimos, ainda, por intercessão de São Benedito, a graça de que tanto necessitamos (*fazer o pedido*).

Conhecendo São Benedito

São Benedito difundiu a compaixão. As mães viam nele o anjo bondoso e protetor, que as auxiliava em partos difíceis ou em momentos aflitivos. Com um sinal da cruz, um Pai-Nosso e uma Ave-Maria, ou com a reza do terço, ele fez crianças desaparecidas retornarem a seus lares, ou falecidas retornarem à vida. Foi o caso da filha de João Jorge, vítima de acidente fatal, a quem ele consolou na sua aflição simplesmente dizendo: "Tenham muita confiança em Nossa Senhora. Vamos rezar!". E a criança voltou a viver... Ou, como consta nos autos de sua canonização, o milagre concedido a um de seus devotos, Antonio Azevedo, que perdera o filho, vítima de grave doença. Recorreu ele ao Santo e seu filho voltou a viver.

O Santo Negro faleceu em 1589, aos 63 anos, em consequência de uma enfermidade que se arrastara por dois meses. Sempre sereno e bem-humorado, dizia ao frade acompanhante que ficasse tranquilo que ele avisaria o dia e a hora de sua morte. Disse uma vez: "Vou falecer no dia 4 de abril!". E acrescentou: "Não se preocupe, não virá ninguém!". Ao chegar o momento derradeiro, rezou: "Em vossas mãos, ó Pai, entrego o meu espírito". Acomodou-se no leito e fechou os olhos serenamente.

Os frades decidiram sepultá-lo às pressas e às escondidas, para evitar que o povo se aglomerasse no convento. E assim foi feito, cumprindo sua própria profecia. Seu corpo foi sepultado na sacristia, depois transformada em capela para permitir ao povo que o venerasse. Atualmente, seus restos mortais encontram-se na capela da Igreja de Santa Maria de Jesus, perto de Palermo.

Leitura bíblica

"O amor não se alegra com a injustiça, mas fica alegre com a verdade. Ele desculpa tudo, crê tudo, espera tudo, suporta tudo" (1Cor 13,6-7).

Oração final

Glorioso São Benedito, grande confessor da fé, com toda a confiança venho implorar a vossa valiosa proteção. Vós, a quem Deus enriqueceu com os dons celestes, alcançai-me as graças que ardentemente desejo, para a maior glória de Deus. Confortai o meu coração nos desalentos e fortificai a minha vontade para cumprir bem os meus deveres. Orientai-me nas horas decisivas da vida e dai-me confiança nos momentos de desânimo e sofrimento. Sede o meu companheiro na solidão e no desconforto. Isto vos peço por Jesus Cristo Nosso Senhor. Amém.

Pai-Nosso, Ave-Maria e Glória.

NONO DIA
Do amor procede todo o bem

Abertura

V. Vinde, ó Deus, em meu auxílio.
R. Socorrei-me sem demora.
Glória.

Oração inicial

Ó Deus, nosso Pai, em Jesus vós nos mostrastes que o caminho a seguir é o da misericórdia e, por não segui-lo, acabamos sofrendo e fazendo os outros infelizes. Por isso nós vos pedimos, humildemente, que a força do vosso amor prevaleça sobre a injustiça e o desamor que cometemos ao longo de nossas vidas. Dai-nos a graça de respeitar e amar cada pessoa querida por vós. E, neste momento, vos pedimos, ainda, por intercessão de São Benedito, a graça de que tanto necessitamos (*fazer o pedido*).

Conhecendo São Benedito

Em 1807, Benedito foi oficialmente declarado santo pela Igreja, mas ele já era venerado como o patrono e defensor dos negros. Crônicas da época colonial registram, por exemplo, que o largo, em volta da Igreja dos Homens Pretos do Rio de Janeiro, servia de palco para festejos memoráveis em honra de São Benedito; reunia fiéis de toda a cidade, negros e brancos das diversas camadas sociais. As comemorações eram animadas com música, leilão de prendas, venda de santinhos e guloseimas. Havia também o espetáculo de um rei e de uma rainha negros, que desfilavam pelas ruas com sua corte, todos vestidos com ricos trajes bordados. Em grande euforia, como a de um carnaval, passavam dançando e batendo palmas. São Benedito, mais do que qualquer outro santo, faz parte da cultura e da religiosidade brasileiras. Essa veneração ultrapassa hoje os limites do âmbito puramente religioso, piedoso e devocional, estendendo-se ao folclore, à música, à literatura, às danças, às festas populares e ao turismo religioso.

Leitura bíblica

"O amor jamais acabará. As profecias desaparecerão, as línguas cessarão, a ciência desaparecerá... Atualmente permanecem estas três: a fé, a esperança, o amor. Mas a maior delas é o amor" (1Cor 13,8.13).

Oração final

Glorioso São Benedito, grande confessor da fé, com toda a confiança venho implorar a vossa valiosa proteção. Vós, a quem Deus enriqueceu com os dons celestes, alcançai-me as graças que ardentemente desejo, para a maior glória de Deus. Confortai o meu coração nos desalentos e fortificai a minha vontade para cumprir bem os meus deveres. Orientai-me nas horas decisivas da vida e dai-me confiança nos momentos de desânimo e sofrimento. Sede o meu companheiro na solidão e no desconforto. Isto vos peço por Jesus Cristo Nosso Senhor. Amém.

Pai-Nosso, Ave-Maria e Glória.

NOSSAS DEVOÇÕES
(Origem das novenas)

De onde vem a prática católica das novenas? Entre outras, podemos dar duas respostas: uma histórica, outra alegórica.

Historicamente, na Bíblia, no início do livro dos Atos dos Apóstolos, lê-se que, passados quarenta dias de sua morte na Cruz e de sua ressurreição, Jesus subiu aos céus, prometendo aos discípulos que enviaria o Espírito Santo, que lhes foi comunicado no dia de Pentecostes.

Entre a ascensão de Jesus ao céu e a descida do Espírito Santo, passaram-se nove dias. A comunidade cristã ficou reunida em torno de Maria, de algumas mulheres e dos apóstolos. Foi a primeira novena cristã. Hoje, ainda a repetimos todos os anos, orando, de modo especial, pela unidade dos cristãos. É o padrão de todas as outras novenas.

A novena é uma série de nove dias seguidos em que louvamos a Deus por suas maravilhas, em particular, pelos santos, por cuja intercessão nos são distribuídos tantos dons.

Alegoricamente, a novena é antes de tudo um ato de louvor ao Pai, ao Filho e ao Espírito Santo, Deus três vezes Santo. Três é número perfeito. Três vezes três, nove. A novena é louvor perfeito à Trindade. A prática de nove dias de oração, louvor e súplica confirma de maneira extraordinária nossa fé em Deus que nos salva, por intermédio de Jesus, de Maria e dos santos.

O Concílio Vaticano II afirma: "Assim como a comunhão cristã entre os que caminham na terra nos aproxima mais de Cristo, também o convívio com os santos nos une a Cristo, fonte e cabeça de que provêm todas as graças e a própria vida do povo de Deus" (*Lumen Gentium*, 50).

Nossas Devoções procura alimentar o convívio com Jesus, Maria e os santos, para nos tornarmos cada dia mais próximos de Cristo, que nos enriqueça com os dons do Espírito e com todas as graças de que necessitamos.

Francisco Catão

Coleção Nossas Devoções

- *Dulce dos Pobres: novena e biografia* – Marina Mendonça
- *Francisco de Paula Victor: história e novena* – Aparecida Matilde Alves
- *Frei Galvão: novena e história* – Pe. Paulo Saraiva
- *Imaculada Conceição* – Francisco Catão
- *Jesus, Senhor da vida: dezoito orações de cura* – Francisco Catão
- *João Paulo II: novena, história e orações* – Aparecida Matilde Alves
- *João XXIII: biografia e novena* – Marina Mendonça
- *Maria, Mãe de Jesus e Mãe da Humanidade: novena e coroação de Nossa Senhora* – Aparecida Matilde Alves
- *Menino Jesus de Praga: história e novena* – Giovanni Marques Santos
- *Nhá Chica: Bem-aventurada Francisca de Paula de Jesus* – Aparecida Matilde Alves
- *Nossa Senhora Aparecida: história e novena* – Maria Belém
- *Nossa Senhora da Cabeça: história e novena* – Mario Basacchi
- *Nossa Senhora da Luz: novena e história* – Maria Belém
- *Nossa Senhora da Penha: novena e história* – Maria Belém
- *Nossa Senhora da Salete: história e novena* – Aparecida Matilde Alves
- *Nossa Senhora das Graças ou Medalha Milagrosa: novena e origem da devoção* – Mario Basacchi
- *Nossa Senhora de Caravaggio: história e novena* – Leomar A. Brustolin e Volmir Comparin
- *Nossa Senhora de Fátima: novena* – Tarcila Tommasi
- *Nossa Senhora de Guadalupe: novena e história das aparições a São Juan Diego* – Maria Belém
- *Nossa Senhora de Nazaré: novena e história* – Maria Belém
- *Nossa Senhora Desatadora dos Nós: história e novena* – Frei Zeca
- *Nossa Senhora do Bom Parto: novena e reflexões bíblicas* – Mario Basacchi
- *Nossa Senhora do Carmo: novena e história* – Maria Belém
- *Nossa Senhora do Desterro: história e novena* – Celina Helena Weschenfelder
- *Nossa Senhora do Perpétuo Socorro: história e novena* – Mario Basacchi
- *Nossa Senhora Rainha da Paz: história e novena* – Celina Helena Weschenfelder
- *Novena à Divina Misericórdia* – Tarcila Tommasi

- *Novena das Rosas: história e novena de Santa Teresinha do Menino Jesus* – Aparecida Matilde Alves
- *Novena em honra ao Senhor Bom Jesus* – José Ricardo Zonta
- *Ofício da Imaculada Conceição: orações, hinos e reflexões* – Cristóvão Dworak
- *Orações do cristão: preces diárias* – Celina Helena Weschenfelder
- *Os Anjos de Deus: novena* – Francisco Catão
- *Padre Pio: novena e história* – Maria Belém
- *Paulo, homem de Deus: novena de São Paulo Apóstolo* – Francisco Catão
- *Reunidos pela força do Espírito Santo: novena de Pentecostes* – Tarcila Tommasi
- *Rosário dos enfermos* – Aparecida Matilde Alves
- *Rosário por uma transformação espiritual e psicológica* – Gustavo E. Jamut
- *Sagrada Face: história, novena e devocionário* – Giovanni Marques Santos
- *Sagrada Família: novena* – Pe. Paulo Saraiva
- *Sant'Ana: novena e história* – Maria Belém
- *Santa Cecília: novena e história* – Frei Zeca
- *Santa Edwiges: novena e biografia* – J. Alves
- *Santa Filomena: história e novena* – Mario Basacchi
- *Santa Gemma Galgani: história e novena* – José Ricardo Zonta
- *Santa Joana d'Arc: novena e biografia* – Francisco de Castro
- *Santa Luzia: novena e biografia* – J. Alves
- *Santa Maria Goretti: história e novena* – José Ricardo Zonta
- *Santa Paulina: novena e biografia* – J. Alves
- *Santa Rita de Cássia: novena e biografia* – J. Alves
- *Santa Teresa de Calcutá: biografia e novena* – Celina Helena Weschenfelder
- *Santa Teresinha do Menino: novena e biografia* – Jesus Mario Basacchi
- *Santo Afonso de Ligório: novena e biografia* – Mario Basacchi
- *Santo Antônio: novena, trezena e responsório* – Mario Basacchi
- *Santo Expedito: novena e dados biográficos* – Francisco Catão
- *Santo Onofre: história e novena* – Tarcila Tommasi
- *São Benedito: novena e biografia* – J. Alves

- *São Bento: história e novena* – Francisco Catão
- *São Brás: história e novena* – Celina Helena Weschenfelder
- *São Cosme e São Damião: biografia e novena* – Mario Basacchi
- *São Cristóvão: história e novena* – Mário José Neto
- *São Francisco de Assis: novena e biografia* – Mario Basacchi
- *São Francisco Xavier: novena e biografia* – Gabriel Guarnieri
- *São Geraldo Majela: novena e biografia* – J. Alves
- *São Guido Maria Conforti: novena e biografia* – Gabriel Guarnieri
- *São José: história e novena* – Aparecida Matilde Alves
- *São Judas Tadeu: história e novena* – Maria Belém
- *São Marcelino Champagnat: novena e biografia* – Ir. Egídio Luiz Setti
- *São Miguel Arcanjo: novena* – Francisco Catão
- *São Pedro, Apóstolo: novena e biografia* – Maria Belém
- *São Peregrino Laziosi* – Tarcila Tommasi
- *São Roque: novena e biografia* – Roseane Gomes Barbosa
- *São Sebastião: novena e biografia* – Mario Basacchi
- *São Tarcísio: novena e biografia* – Frei Zeca
- *São Vito, mártir: história e novena* – Mario Basacchi
- *Senhora da Piedade: setenário das dores de Maria* – Aparecida Matilde Alves
- *Tiago Alberione: novena e biografia* – Maria Belém